1

BIELSA

Noble majestat

Noble Majestat

—És el moment. El moment és ara. Ara és el moment.

—Tot a punt. Ja m'entrego. Ja em sotmeto, Tigel·lí. Agafa'm la mà.

—T'estimo, Cèsar.

***

—Nou. Ou, què? Tinc cos? La pregunta no és aquesta; la pregunta és la pregunta mateix. Estic discorrent la Divina llengua del pare Ròmul. En algun lloc sóc, d'alguna manera, fos com fos, en llatí. La pàtria, nou. Quin nom rep la meva pàtria? És impossible de sebre. Roma, on ets?

Per què, Roma? Perquè estimo, Roma i amor són la mateixa cosa. Comença per

T,amor, quina creu, on és l'home que estimo? T de tigre, Estix...Quina creu!

Què m'envolta? Certament hi veig, i hi veig coses. En sento, també. Però... és que hi veig i hi sento amb la mirada i l'oïda de l'esperit o realment físicament hi veig i sento?

No és moment de respondre aital pregunta. Ara bé: ha estat encertada. Pressento, sento.

Tinc noció de dolor a la meva ment. Serà possible? Això indica que no sóc de cos present, car he de tenir per força la cara descoberta als Zèfirs primaverals. Fos com fos, arriben. Si aconsegueixo fer un esternut aleshores hauré resolt la meva vida.

5

***

—Cèsar acaba d'esternudar. Corre, Tigel, a la torre. Mata el colom.

***

—Ràpid! Més! Ah! Pollastre! Raïm! Raïm! Pollastre! Figues! Pèsols! Faves i seques. Fetge. Ah pels déus, ah, per...Eh tu!

—Maneu.

—Qui sóc?

—Vós sou la Noble Majestat del poble de Roma.

—Estrany com em sona la teva veu. Ets un soldat i fas falset. Quin soldat fa falset davant meu? Com és possible? He somiat la teva veu, aquesta veu. Un tigre es deixava acaronar i mussitava melodies falagueres i agradoses dins i fora, i després una creu horrorosa. Un tigre, una creu... Tr, tri...

—Tot el poble de Roma us estima, Noble Majestat.

***

—Estimat Tigre meu, aquesta nit perpètua o bé aquest dia eternament concatenat he tingut un somni.

—Digueu, Noble Majestat

—Queia una atzembla moribunda a la cresta de l'Etna i cremava fent esgarips horrorosos, aleshores es feia la balma del Ciclop d'on sortien ovelles a miríades. Tots els companys amb Odisseu arribaven sans i estalvis a Ítaca i veneraven Atena, una imatge a la falda de la qual i enlloc de l'espatlla dreta hi havia un corb enlloc d'un brúfol amb un borrissol groc.

—Noble Majestat, el teu nom secret és Cèsar, el teu estat és la púrria. No t'ha de faltar res mentre no et falti salut. Has d'estar en un espai limitat, amb tot. I amb tot , no hi ha impediment per a viatge. Ara bé: en els teus viatges el teu cos és delegat en les meves cuixes, que deleguen en les cames de Cèsar patent, que delegaran en els peus de la filla de la Messal·la Aquest és el sentit del teu somni: el corb. Un descendent contradictori de Corví ha de sospesar els destins i sotjar Cèsar de prop.

—Costa d'evitar la rabior del que m'expliques, Tigel·lí, Però m'empasso els

nervis. No m'agrada fitar res en particular.
Ara digues-me: qui m'ha succeït?

—Porta el sobrenom de coix.

—Aquell subnorma,l aquella misèria de no
res ni ningú? Aquell detritus? Aquella
paparra viciada de Falerns que coneixia
per Cècubs i feia riure? Ha! Tot controlat!
Explica'm què ha manat de primer l'idiota
d'en Claudi. Jo t'ho escric al palmell de la
mà. Tu fes el mateix a la teva.

...

—Has encertat, Noble Majestat. com
sempre. En deien boig de tu i eren els
senyals del coneixement suprem. En
efecte, el coix ha manat portar el seu
pedagog ja octogenari a fer de gladiador a
la sorra.

—Quan hom es queda fixat en el dolor del regle espetegant els dits, esdevé un pallasso manejable. Mantén-lo lluny i enemic de la facúndia i de la poesia. Aquesta serà la contradicció. Que arribi al límit. Quan la filla de Corví, Messal·lina, haurà fet el fet i tindrà divulgats i desclassificats els nous màsters de Roma, aleshores que el gran Júpiter Hammó s'apiadi d'ella, perquè el coix del mal averany rabiarà, l'hi voldrà fer pagar i en aquest punt ja no podré dir res.

—Sia talment.

***

Cal arrodonir, corregir i recuperar i augmentar fins on el folc desitgi l'obra íntegra del poeta antic Ovidi Nasó. La biblioteca privada de Messal·la és l'únic tenidor dels arquetips- Noces reials si calen, que siguin. Cremeu si el nom de Messal·la s'embruta. Mata el colom.

***

—Tigel·lí, he somiat o he vist d'alguna manera el meu espeçejament. Em desapareixia el fetge del cos i esdevenia espelmes en un canelobre de set braços. Els braços mateixos anaven una cada extrem de lloc on sóc. El cap es perdia en la immensitat de la pluja. Les cames corrien per sostre i parets, i de la resta del cos, posat a les mans, en venien a beure la sang unes criatures vestides de porpra. Fés el que correspongui.

—No ho entens tu mateix, Cèsar, què és allò que correspon?

—Potser. Però m'adelita que me'n parlis tu.

—Començo doncs: el teu cos és l'Estat, i cal dividir-lo perquè es mantingui viu. Cal posar forta resistència als fronts orientals, especialment a Judea. Les ordres les segueixes donant tu però no es veu el lloc des d'on ho fas Els futurs reis estan nodrint-se de l'Estat, de manera que Roma s'assegura la seva clientela per un mínim de quinze mil anys d'humanitat. De portes endins, al coix ja se li acudirà fer alguna estupidesa de les seves. Et mantindré informat.

**

Estimat Cèsar, fa un mes desitjaves saber què feia el coix davant el teu Estat, doncs bé: ha creat protocols, imagina!

—L'home que es diu Estat ell mateix creant protocols! I no em diguis que ha portat la religiositat de Numa al fisc.

—És exactament això.

—Ha, ha! Em conforta tant, aquesta platxèria...! El molt imbècil creu que posa ordre i no fa més que jugar a daus.

—Hi a més.

—Digues, Tigel·lí.

—Ha inventat tres grafies noves per a tres sons.

—Això serà la seva tomba, està clar. La marca de l'idiota se la fa ell mateix l'idiota i se l'imprimeix a tot arreu on ha deixat la seva cagarada.

Per cert, a quin punt tenim els màsters?

—Tot Roma estima, avui. Tot el poble sent en pròpia pell la ficció d'un amor seense sang i complet. Tothom vol saber més i més. Ha calgut desclassificar el teu estimat. Properci, fins i tot, per fer més versemblants els nous màsters. I encara pitjor.

—Maleït populatxo! No en tenien prou amb la Verge cantant els pastors i les armes d'Eneàs? Sempre volen noves melodies, sempre noves músiques, més versos, més poemes, gita, gita i no paris de gitar flors a la verra!

—Ha calgut desclassificar un bracet de Tibul-

—Ah! Banquets horrorosos, maleïts a la vista de qualsevol déu! On és el, consol, Togre, on és el consol dels temps?

—Jo portava aquest plec perquè t'entretinguessis.

—Què és?

—Els records d'infància amb què Cèsar patent, el coix Claudi, rival·litza amb Fabi Píctor.

—Oops! Això és mel. Me'l llegiré ràpid i àvid i tan aviat com enllestim amb els màsters d'Ovidi triaré un dels suplicis que ell mateix descriu i manaré que li sigui segonament administrat amb resultat de mort.

—Sia.

***

Digues, estimat Tigre: oi que aquest coix té el deliri que els seus enemics acabin banyats i ungits...

—Què? Com dieu? Perdó. Continueu...

—En un bany d'enzims? Ho diu que és la seva fantasia d'infant. Quan sigui el moment, l'entoixones durant deu dies i després li dónes laxants: així Claudi morirà com ell mateix pronosticà: banyat i rabejat en la seva pròpia merda.

—Cèsar continueu, em preocupa una cosa, Noble Majestat.

—Sento punxades als genolls i a les articulacions i llavors el dolor només me l'alleujo pensant quiasmes.

—Valga'm el déu nostre senyor Jesucrist!

—Eh! Què has dit? Ara em revénen els dolors.

—El que sentiu, Noble Majestat, són els dolors de la crucifixió.

—I ca! Digue-me'n una de més passable, que riuré! És impossible i molt que tal en facis. A la creu m'haurien de clavar claus. Quin miserable pot morir d'una mort tan horrorosa? Al món, a l'univers qui?

—Noble Majestat, m'has de perdonar, el cert és que pateixo una pressa sobtada. Les cames em reclamen fort. Enteneu? Bé, el cas és...En qui veieu la successió de Claudi possible?

—Ràpid, Tigel, atansa'm la bacina de coure. Aagh.

—I doncs.

—Ho he dit vomitant. A la bacina hi ha la cara del déu Portú amb la seva barba de coure.

—Un Ahenobarb? Apa! Però sia.

—Quin hi ha disponible.

—Riuràs. Un pipioli a dos anys d'assumir la toga viril.

—Dos anys, doncs.

***

Successió immediata de Cèsar. Enllestir tasca ovidiana. Cremar Medea. Condol a Corvins. Dos anys per a Neró. Estalvia el colom.

***

—Tigel,he vist avui mateix menjant-me el
meu propi front a llesques amb figues i
ruca. Això és important. Serà el front
nòrdic, la Germània i sobretot la Britannia,
maleída antropòfaga i caníbal, que
heretarà el seny de Roma, llavors que la
sibil·la hagi de desaparèixer sense deixar
quasi rastreCaldrà fer Roma dins Roma, i
Roma dins Roma de nou duplicada ben
lluny, més enllà dels grecs i macedonis
per descomptat. Ocupa't que
especialment els Britans gaudeixin del
privilegi de conèixer l'arbre sagrat sense
lloc a confusió. Construeix la ciutat secreta
que canten els vats i diposita-hi tots els
màsters literaris. Pel que fa a les imatges
l'única cosa que ha de passar és que en
tres-cents anys s'ha de fer lloc a tots els
simulacres de Júpiter i Zeus grec. Tots

han de ser fosos i trossejats excepte
Fídies que anirà la Ciutadella cantada pels
vats a trossos. Quan d'ací a dos mil anys
encara no aparegui el delator de disposat
a destruir la terra, tot donant la culpa al
sofriment dels claus, aleshores procura
perquè li sigui mostrat aquest Zeus amb
tota la seva esplendor. És l'única manera
que l'enemic germànic perpetu de la
nostra Roma eterna es faci enrere.

—Dardes al lluny, Noble Majestat.

—La tercera Roma haurà d'existir d'alguna
manera. Confiem que enllà dels abismes
hi hagi encara algun trosset de terra per
llaurar, enllà de Gibraltar. Perquè si no,
estem perduts. Cal ficar això del nou món
en la ment del poble. D'ací a poc caldrà
enviar una missió a la recerca de les fonts
del Nil. El privilegi de trobar-la serà Britá,

un cop aquesta nació sigui la més desenvolupada. De moment n'hi ha prou amb l'intent. És evident que el Nil ha de néixer d'alguna catadupa poderosa que fa esdevenir impensables les dimensions d'Àfrica al migjorn. Deixa-ho als científics, aquests empiristes, i altres retrassats mentals de mena variada.

—Sia. —

—Sento poca força. Abraça'm, Tigre.

—Sóc teu, Cèsar.

—Hi haurà guerra.

—Cert.

—Poca n'hi hauria d'haver si el poble sencer sabés l'olor de la teva pell suau, suada de rosada.

—I la teva, Cèsar.

—Quan penso en tu sento els teus petons i besades.

—I jo.

—Aquests cabells castanys.

—Aquests cabells negreblancs.

—T'estimo i et beso el melic.

—I jo el membre.

—Has vist quina llum s'ha fet amb la llet de tots dos?

—Cert que...

—Ja sé on som. Aquesta és la torre de la ciutat cantada pel vat, la ciutat Vaticana, Roma dins Roma. Oh joia, oh alegria! El meu designi s'acompleix abans i tot que la ment el concebi! I ara ve que recordo, Tigret.

—Recorda, Cèsar, no és cosa de poc pes.

—El pare Tiberi em va dur als tretze anys sense ni toga viril, al front oriental, a judea. Allà em va fer visitar una muntanya pelada, el Calvari, on un reu no es queixava tot i ser torturat i escarnit amb claus a la creu. Vaig demanar al pare que segués les mans a Pilats, el coronel que l'havia escarnit amb un gest a les mans. Tiberi va assentir, i després de passar l'espasa pels canells de Ponç Pilats i i reblar els monyons amb ferro roent, em va portar davant del Torturat. L'home em va tirar una mirada furiosa i va escopir-me al front. Vaig caure prostrat

—Això ho anomenen baptisme. Serveix per amansir els instints ferotges i salvatgins en les persones. L'home és l'Ungit, nostre senyor Jesucrist, el fill mateix de Déu que no podem encara admetre davant el poble corrupte.

—Llavors un gos em va llepar el front, i recordo, d'ençà d'aleshores em vaig posar a parlar amb tota mena de cànids i cavalls. De sobte entenia el seu llenguatge. Després van aparèixer els ocells.

—El teu noble cavall, aquell que vas nomenar senador tu mateix, t'indicava amb el gest ràpid totes les conjures que el senat feia contra tu. Era fidedigne. I ho vas demostrar. Vas desmuntar tots els intents d'esllavissar l'Estat, mentre eres Cèsar, a la llum, Calígula.

—Obra de Seth. Tot això és obra de Seth.
Cal estar contents que els cavalls i els
cànids manin sobre els porcs, això
significa la victòria mateixa d'Orfeu, Aríon i
Pitàgores contra els tirans que s'agraden
d'esqueixar els organismes.

—Diuen que volen fer carn artificial.

—Els insensats, malden per la fi del món.
Els jutjarem tots, els poetes serem el gran
Èac.

—Minos i Radamant.

—Per cert, com va l'Ahenobarb?
Progressa?

—Bé.

—Doncs feu-lo poeta. I que el rodegin dos
poetes suïcides.

—Sèneca. Seran els suïcides.

***

Ensenya enigmística a Neró. Fes
epifanies d'Apol·lo i Baccos davant Lucà,
amb contingut cristià. Deixa al segon
només un espai. A Neró, cap. Mata el
colom.

***

Cal assegurar el front del Nord! Cal
assegurar el front del Nord! Quan serà
temps per al front del Nord?

—Voleu llegir, Noble Majestat, la Níobe,
de Neró?

—Això en calmarà. Deixa'm llambregar.
Ospa, quin descarat. Tot Roma sap que

Níobe és Agripina. Quin odi. A tu què t'agrada d'aquesta peça?

—Precisament això, l'odi.

—Pots fer-ho? Pots passar per l'espasa aquella bruixa?

—És clar.

—I els poetes també, si s'acosten a la veritat. —És clar.

—Cal que els poetes mantinguin l'atenció l'atenció de Neró distreta del front del nord. Cal desclassificar els evangelis en abstracte. Que concebin la idea de la igualtat i del pacifisme. Emmerdeu-hi tant com vulgueu aquell imbècil de fa cent anys, Cató d'Útica. Que, a mida que creixen les lloances per la seva actitud virtuosa durant la guerra, si vols, que l'arribin a pintar pacifista! Ah, el gra al cul del meu oncle Juli! es vagin manllevant els seus exemplars autèntics. Que tota la seva obra sigui triturada, encolada, assecada i cremada. Hi va a la salut de l'Imperi.

—No n'ha de quedar un exemplar a la torre?

—Ací al Vaticà?

—Deia...

—Ca! El verí de Cató és dolent per a qualsevol serp. Detritus!

—Sia.

—M'ocupa un pensament. Si tanquem la porta de Janus el poble demanarà festa. I Neró es delirà per donar-n'hi.
▪▪▪▪▪▪▪▪▪▪▪▪▪▪▪▪▪▪▪▪▪▪▪▪▪▪▪▪▪▪▪

—Ah, cap problema. Que en doni. Ja pot fer la primera naumàquia al Capitoli si vol.

—No és només això. Li ha crescut la vanitat a tal punt que desitja ser celebrat per la seva poesia.

—Senzill. Que estreni la seva Níobe i que un membre de platea es tapi el cap amb les dues mans al senyal del clímax. Prepara-ho amb dues o tres setmanes de temps. L'esclau calb anirà a la Roca Tarpeia, el mateix Neró decretarà, tot i que ho postposarà. Cal que els aduladors, sobretot els poetes, li facin esment de l'ultratge a la seva gran persona i emprin l'argument de la llicencia a tot si la tenen davant seu. Pel que fa al públic. Has de vigilar les actituds. Neró intentarà castigar la concurrència. Aposta la veritable guarda pretoriana d'incògnit al mercat i que ràpid i un per un interroguin exhaustivament tots aquells que s'escapin de la grapa de Neró. M'interessa conèixer el resultat de la requesta. A veure si finalment despunta la nostra virtut entre el poble.

***

—Noble Majestat, només un home ha escapat a les ires poètiques de Neró. Ha estat interrogat i s'ha limitat a ensenyar el permís autògraf i a dir que tenia pressa.

—Qui és aquest home?

—Un tal Vespasià. El guarda s'ha quadrat quan ell ha marxat.

—Has esbrinat quina excusa ha fet servir davant Cèsar?

—Sí. La mateixa del poeta quan vas anar per ell.

■■■■■■■■■■■■■■■■■■■■■■■■■■■■■■

—Ah, plaer! Tot va tornant a lloc mica en mica. Quan Sèneca presenti per tercer cop l'excusa, el mates sense pietat. I aquest home...aquest home...només em podia una vespa, està clar.

—Ha servit al front del Nord.

—Per Déu! Això és més del que podia demanar!

Mira, Tigre, tu mateix ho vas dir que mentre hi ha salut no hi ha temença. Veus que em falla la salut. Moriré, i només serà un ofec seguit de la llum absoluta. I no trigaré pas massa, de manera que el meu dol ha de durar un any i com que ho vull així, tindré tres ministres al Més Enllà. Tres Cèsars que caldrà passar per l'espasa. Ah, i el que es quedarà per molts anys serà aquest Vespasià. Té dret a fer el que li doni la gana. Ho hem posat tot en marxa.

***

On eres, Tigret? M'asfixiava, això ha durat més de deu dies segur. Un infern.

Roma ha cremat.

—Aprofita per donar-ne la culpa als cristians i així el poble els començarà a respectar.

—I el càstig i el suplici?

—Que sigui exemplar, grotesc, horrorós i truculent. Als lleons que se'ls mengin!

—Voleu dir, Noble Majestat, que els cristians mereixen tal cosa?

■■■■■■■■■■■■■■■■■■■■■■■■■■■■■■

—Tal cosa com ara què?
—Ser devorats per lleons, dic.

—No, home, no. A l'arena hi poses quatre jais borratxos i vint joves vagabunds i arregles la hisenda de les seves germanes i néts. T'ho agrairan. Fet.

Té certa gràcia tot plegat, Tigel. Quan era nen em van sorprendre pel camí del Palau uns saltamarges que van matar el pedagog i es volien apoderar de la meva clepsidra.

—Què vas fer?

—Darrere meu hi havia un eixam de vespes i m'hi vaig recolzar de ple. Tota l'espatlla i el coll tocaven fort el rusc.

—Què va passar?
■■■■■■■■■■■■■■■■■■■■■■■■■■■■■■

— Les vespes van sortir enfurismades contra els lladres. que van fugir. Jo en vaig sortir sense fiblada.

—Cèsar, et perdo.

—Tens el meu dietari. Allà on pelo el plàtan i anomeno totes les meves virtuts adscrivint-les cadascuna a un avantpassat meu.

No n'hi ha prou? Vols un enigma, un enigma que no resoldràs fins d'aquí a molts anys i significarà el meu amor per tu? Què vols? El món em demanis, el món tindràs.

—Jo realment et vull a tu.

***
■■■■■■■■■■■■■■■■■■■■■■■■■■■■■

A vuit dies per les Calendes de maig, el 820 després de la fundació de la ciutat Cèsar ha mort. En pau cristiana a les vuit del matí. Deixa anar el colom i observa. Sia la seva voluntat.

FI

■■■■■■■■■■■■■■■■■■■■■■■■■■■■■

www.ingramcontent.com/pod-product-compliance
Lightning Source LLC
Chambersburg PA
CBHW050758290526
45792CB00008B/2238